Une énigme dans ma tirelire

Après des études de lettres, **Delphine Pessin** devient enseignante, puis auteure. C'est avec bonheur qu'elle conjugue ces deux activités.
Ses histoires parlent du vivre ensemble, avec sérieux ou fantaisie.
En 2018, elle est l'une des lauréates du concours d'écriture Émergences organisé par la Charte des auteurs et illustrateurs jeunesse.
Le roman *Une énigme dans ma tirelire* est tiré de sa nouvelle.
Elle vit dans le Centre-Val de Loire.

D'après *L'Enquête*, nouvelle lauréate du prix Émergences organisé par la Charte des auteurs et illustrateurs jeunesse.

ISBN 979-10-352-0316-0

Loi n° 49-956 du 16 juillet 1949
sur les publications destinées à la jeunesse

Éditrice : Charline Vanderpoorte
Assistante d'édition : Juliette Gaillard
Design couverture et maquette intérieure : Florie Briand

Delphine Pessin

Une énigme dans ma tirelire

roman

Aux copains du concours Émergences.

Noonnnnn !

Quand la sonnerie
du vendredi soir retentit à l'école,
on se précipite vers la sortie,
aussi impatients qu'une volée d'oiseaux
à qui on a ouvert la cage. Je suis
encore plus heureux que d'habitude,
ce week-end va être génial.
Sur le chemin du retour, je confie
à Théo mes projets
pour les deux jours à venir.

Théo est mon meilleur ami
depuis la maternelle.

– Tu vas voir, je lui dis,
quand j'aurai acheté
Pokédémon Cruel Combat,
on va s'éclater comme des malades !

Pokédémon Cruel Combat
est le jeu le plus délirant au monde.
Comme mes parents veulent que
je comprenne la valeur de l'argent,
ils ont refusé de me l'offrir
sous prétexte que ce n'était ni Noël
ni mon anniversaire. Du coup,
j'économise depuis des mois
pour réunir la somme dont j'ai besoin.
J'ai mis de côté les sous de mémé

et ceux que j'ai gagnés en passant
la tondeuse. Maintenant, je pense
que ça y est, je vais enfin pouvoir
m'acheter le jeu de mes rêves.

Théo s'arrête à la maison
pour partager un goûter avec moi.
Lui aussi attend ce week-end
avec impatience. Ses cousins viennent
chez lui dimanche et il est super pressé
parce qu'il ne les a pas vus
depuis longtemps. Mais je ne l'écoute
que d'une oreille. Dans ma tête défile
le programme du lendemain
et je suis aussi excité qu'une puce
qui a bu trop de sucre.

Le samedi matin est solennel. Je me suis levé avant tout le monde pour profiter du calme de la maison. Il faut dire que chez moi, il y a toujours de l'ambiance. Entre ma grande sœur et mon petit frère, pas facile d'avoir la paix. Là, il n'y a que mon lapin Yoda qui gratouille dans sa cage. Je m'assois en tailleur devant ma tirelire. Elle est en forme de Dark Vador et s'ouvre sur le côté avec une petite clé rouge planquée dans mon pot à crayons.

Je tourne la clé dans la serrure et le robot fait un bruit d'enfer : *Noonnnnn !*

C'est le cri déchirant
poussé par Dark Vador
quand il se sacrifie pour son fils
dans *Le Retour du Jedi*. J'adore.

Je soulève la tirelire et je remarque
qu'elle est curieusement légère.
J'ouvre la porte en grand pour verser
son contenu sur le sol en lino.

Il n'y a rien dans la tirelire.
Elle est vide !

Élémentaire, mon cher Watson

J'ai beau secouer Dark Vador,
aucune pièce ne sort.
Où est mon argent ? Je songe
à la console qui m'attend dans le salon
et j'ai les yeux qui picotent.
Tous mes projets se sont envolés !
Je m'apprête à refermer la tirelire
quand j'aperçois quelque chose
à l'intérieur. C'est un papier plié

en quatre. Les mains tremblantes, je déplie la feuille et je lis :

Je prends ce qui t'est précieux
Je t'offre ce qui n'a pas de prix

Mon sang fait cent tours. Ce message n'a aucun sens. Maintenant, je n'ai plus envie de pleurer, je suis en colère. Non seulement quelqu'un m'a volé, mais en plus, il se moque de moi !

Une idée me vient. Depuis tout petit, j'adore jouer au détective. Alors, je vais mener l'enquête, trouver le coupable et lui faire passer un très mauvais quart d'heure. Peut-être même une très mauvaise

demi-heure, parce que là,
je suis vraiment furax.

Le seul témoin du vol est Yoda. Il ne peut pas m'aider mais l'avoir tout contre moi me réconforte et je me calme.

J'examine le lieu du crime.

Premièrement, la dernière fois que j'ai vu l'argent, c'était avant de partir à l'école. Le vol a forcément été commis vendredi. Après le dîner, je n'ai plus quitté ma chambre.

Deuxièmement, il n'y a pas trace d'effraction. Normal, je ne ferme jamais la porte à clé.

Le cambrioleur est donc entré sans problème.

Troisièmement, la chambre n'est pas en désordre. Pourtant, le voleur aurait dû fouiller, la tirelire était bien camouflée, tout au fond de ma penderie, dans la poche de mon sac Spiderman... Comment pouvait-il connaître l'emplacement de ma cachette et savoir que la clé était dans mon pot à crayons ?

Élémentaire, mon cher Watson : il s'agit de quelqu'un de ma famille, quelqu'un qui connaît mes petites habitudes.

Passé le choc de cette découverte,
je suis plus déterminé que jamais
à résoudre le mystère.
La première question à se poser est :
à qui profite le crime ?

Dans un carnet, je dresse
la liste des suspects.

• Mon petit frère.

Je l'élimine d'office.
Il n'a même pas deux ans
et n'aurait pas pu atteindre
la clé de la tirelire. En plus,
pour lui les fraises tagada
ont plus de valeur que l'argent.

• Ma grande sœur.

Elle se plaint toujours
de s'habiller en guenilles.
Elle aura pris mes économies
pour s'acheter la dernière veste
à la mode.

• Ma mère.

Et si elle voulait m'obliger
à ranger ma chambre en m'empêchant
de m'amuser pendant deux jours ?

• Mon père.

Il déteste me voir rivé à un écran
et me met la pression pour
que je travaille plus. C'est simple,
le soir, quand il rentre,
la première chose qu'il me dit,

c'est : « Tu as bien fait tes devoirs ? »
Il aurait pu confisquer mon argent
pour m'empêcher de jouer
à la console.

Tous mes suspects ont
des mobiles, je dois maintenant
trouver des preuves. Je vais jouer
les agents doubles, ma famille
ne doit pas savoir que je la soupçonne.

Du vent dans les cheveux

Je commence par Mathilde.
La porte de sa chambre est barrée d'un énorme sens interdit. Tant pis, je frappe et j'entre en territoire ennemi. Vautrée sur son lit, elle textote sur son téléphone.

– Qu'est-ce que tu veux, morpion ?

Elle me fusille du regard mais pas question

de me laisser impressionner.
Je simule un coup en plein cœur.
Boum ! Je m'affale sur la moquette
et fais le mort. Je reste comme ça
sans bouger,
le nez dans le tapis licorne.
Ma sœur se lève et me secoue
du bout de son ongle recouvert
de vernis à paillettes.

– Qu'est-ce que t'as ? Tu pleures ?

Je relève la tête et lui fais
mes yeux d'épagneul malheureux
(ça marche à tous les coups).

– Je m'ennuie…

Elle tombe dans le panneau
et pousse un soupir :

– OK, OK… Viens, on va faire une partie de Monopoly.

Elle pose son téléphone et on étale le plateau sur sa couette. Pendant qu'on joue (et que je la plume), je l'interroge. Après le collège, elle est allée directement chez Florence, sa best friend forever. Elle y a passé la nuit et depuis son retour, elles s'envoient des SMS. D'ailleurs, son portable n'arrête pas de biper. Bip ! Je deviens l'heureux propriétaire d'un hôtel rue de la Paix.
Bip ! J'achète toutes les gares

sans qu'elle y prenne garde.
Bip ! La rue des Champs-Élysées
est à moi.

Mathilde se fait dépouiller
et après trois heures de jeu, je décide
d'arrêter l'interrogatoire. Son alibi
est en béton, elle n'a pas pu
commettre le vol.

Je passe à l'offensive suivante.

Afin de ne pas éveiller
les soupçons, j'attends l'heure
du goûter pour rôder autour
de maman. Elle est en train
de travailler sur son ordinateur.

Elle écrit des histoires et passe sa vie à taper sur son clavier.

– Qu'est-ce qu'il y a, mon Titoun ?

– Je sais pas quoi faire, je dis en gémissant.

– Tu as rangé ta chambre ?

– Oui, Mams.

En vérité, ce n'est pas rangé rangé, mais j'ai une planque imparable (dernier tiroir de mon bureau) pour cacher ce qui traîne. Je la regarde genre « Sérieusement, c'est tout ce que tu proposes ? » et comme prévu, elle cède.

– Bon, d'accord, admet-elle, j'ai besoin d'une pause. Que dirais-tu d'une petite balade ?

Se promener avec sa mère, ça peut paraître ringard. Sauf qu'elle adore faire du vélo, et moi aussi. Quand on part tous les deux, (ce qui est plutôt rare, ces derniers temps), on oublie le reste du monde.

On a de la chance, il fait beau. On grimpe sur nos VTT et on file à fond la caisse. C'est une sensation incroyable, je sens le vent dans mes cheveux, j'ai l'impression de voler. Mais je ne dois pas oublier mon enquête.

– On fait une petite course ?
je propose à maman.

J'accélère et la double
dans la ligne droite. Elle relève
le défi et gagne du terrain.
Devant une énorme côte, j'en profite
pour la pousser à bout. C'est
bien connu, rien de tel que la torture
pour arracher des aveux.
Tout en pédalant, je la mitraille
de questions sur son emploi du temps.
Arrivés en haut,
elle est à bout de souffle
mais n'a rien lâché d'intéressant.

J'ai gagné le maillot jaune
et réussi mon interrogatoire.

Maman n'est pas coupable,
il ne me reste plus qu'un individu
à interroger.

Les brownies

Le dimanche matin, papa fait de la pâtisserie. Il adore nous concocter de bons petits plats et il est plutôt doué pour ça. Sa tarte tatin est terrible et ses choux à la crème vous emmènent direct au paradis.

Je lui propose mon aide et j'enfile le tablier sur lequel est écrit « C'est moi le chef ». Papa me confie

la grande cuillère en bois
et on prépare des gâteaux.
Ça sent si bon dans la cuisine
que je manque d'oublier
pourquoi je suis là. Je me concentre
sur papa et pendant que je touille
le chocolat, je le cuisine.
Une énorme part de brownie plus tard,
j'ai recueilli sa déposition : le jour
du délit, il était au travail
toute la journée. Il est passé prendre
la pizza du vendredi soir et est rentré
juste à temps pour le repas. Lui aussi
est innocent.

Je suis un peu découragé.
Pas le moindre petit début d'indice.

Est-ce que je dois abandonner mes recherches ?

C'est le moment que choisit Théo pour me téléphoner. Il propose de passer cet après-midi. Bonne idée, lui saura m'aider à y voir plus clair. Peut-être même qu'il résoudra le mystère de ma tirelire. Il est toujours de bon conseil et quand j'ai un problème, je peux compter sur lui pour trouver une solution.

Lorsqu'il arrive chez moi, il est avec ses deux cousins qui ont le même âge que nous et qui sont vraiment sympas.

Je décide de lui parler seul à seul
à la première occasion.
En attendant, comme je n'ai pas
mon jeu pour la X Playbox,
on va au city stade où on retrouve
les copains, Thomas, Émilie, Matthis
et Lola. On improvise
une géante partie de foot
et je marque deux buts en plein
dans la lucarne. Je rate un tir croisé
(mais c'est seulement parce que
Lola est une gardienne de but
du tonnerre).

Après le match, on s'assoit
dans l'herbe et on fait passer
une bouteille de soda

qui a doucement mijoté au soleil. C'est tiède mais qu'est-ce que ça fait du bien, on avait drôlement soif !

Avec un grand sourire, je sors l'arme fatale de mon sac de sport : l'un des brownies cuisinés le matin avec mon père. Les copains se régalent.

– C'est toi qui l'as fait ? demande Thomas.

La bouche pleine, il me regarde comme si c'était une grosse blague.

– Ben oui, pourquoi ? je dis en offrant une deuxième tournée.

– C'est trop bon !

Lola avale une part

en une seule bouchée et me sourit,
les dents tartinées de chocolat.
Je rougis (un peu)
et je rigole (beaucoup) en disant
que ce n'est rien, juste un truc
vite fait. Quand même,
leurs compliments me font
chaud au cœur et je me promets
de leur préparer des muffins
la prochaine fois.

Le soir, quand je rentre,
on s'est tellement amusés
que je m'aperçois que j'ai oublié
de parler à Théo de la disparition
de mes économies.

Tout étonné d'avoir pu arrêter de penser ne serait-ce qu'une minute à mon super jeu vidéo, je vais me doucher avant le dîner. Peut-être que je dois changer de stratégie. Puisque mon enquête en loucedé n'a rien donné, je vais tirer direct dans les buts comme pour un penalty. C'est décidé, pendant le repas, j'accuserai les suspects. On verra bien comment ils réagissent.

Une idée lumineuse

Et là, fin du suspense.
Mon plan d'attaque frontale
s'effondre comme un flamby.
À peine rentré dans ma chambre,
je m'aperçois que mon lit est défait.
Intrigué, je m'approche et je vois
une petite bosse sous l'oreiller.
Quelqu'un y a glissé
un paquet rectangulaire. Je déchire
le papier cadeau en me demandant

ce que ça peut bien être et là,
j'ai l'impression de prendre
un coup de sabre laser sur la tête.

Tout mon argent y est,
avec un mot plié en quatre,
pareil que l'autre fois !

Désolé de t'avoir fait ce coup-là,
mais avoue qu'on s'est bien éclatés !

Signé : *Théo.*

Sous le choc, je m'assois
sur mon lit. Je n'en reviens pas
que ce soit Théo le voleur.
Je ne l'ai jamais soupçonné,
tu parles d'un enquêteur !
Yoda trottine jusqu'à moi
et je caresse sa fourrure toute douce.

Dans mon cerveau,
c'est comme un puzzle en vrac.

Le message énigmatique me revient en mémoire. Soudain, il prend tout son sens et les pièces du puzzle s'emboîtent les unes dans les autres :

Je prends ce qui t'est précieux
Je t'offre ce qui n'a pas de prix

C'est vrai que ce week-end n'a pas de prix, j'ai passé du temps avec ma famille et mes amis.

C'était chouette.

Mon cœur joue du tam-tam dans ma poitrine. Papa crie

« À table » et je vais dans la cuisine.
Je m'installe à côté de mon petit frère, ce
qui n'est pas sans danger
quand on voit la manière
dont il balance sa nourriture
si ça ne lui plaît pas. Ce soir,
c'est lasagnes mozzarella,
un de mes plats préférés
mais je n'ai pas très faim.

– Va chercher ta sœur, demande papa qui s'énerve parce que ça va être froid.

Je la trouve scotchée à son téléphone, en grande conversation avec Florence. Il y a débat sur la tenue à porter le lendemain.

– Viens à table, je lui fais, en essayant de lui chiper son maxPhone.

– Non mais t'as pété les plombs ! elle dit en me bousculant pour sortir.

En voyant le portable dans la main de ma sœur, maman la mitraille de ses yeux noirs.

– Tu poses cet engin immédiatement ! Pas d'écran pendant le dîner, tu connais la règle.

Mathilde marmonne un « Ouais » pas convaincu et s'affale sur une chaise. Le téléphone posé à côté de l'assiette, elle ne peut s'empêcher d'y jeter un coup d'œil quand il vibre.

– Qu'est-ce que je viens de dire !

Maman est carrément énervée à présent. Elle dit que ça suffit comme ça, que c'est pas une vie de passer son temps sur ce machin. Mathilde répond que maman aussi est toujours derrière son ordinateur. Maman crie que c'est pas pareil, elle travaille, elle. Mathilde crie à son tour, elle en a marre, marre, marre, de toute manière, personne ne la comprend dans cette maison.

Avec papa, on assiste au duel sans s'en mêler. Trop risqué, on pourrait prendre une balle perdue.

– Un peu de lasagnes ? il demande d'un ton agacé.

Maman tend son assiette en soupirant. Elle se met à respirer des tas de fois, comme quand elle fait du yoga mais en plus rapide.

Je regarde mes parents qui ont l'air fatigué, et puis Mathilde qui fait la tête, et mon petit frère qui étale de la sauce tomate partout sauf dans son assiette. Ce week-end repasse dans ma tête, comme un film à l'envers. Le city stade, la séance pâtisserie, la balade à vélo et la partie de Monopoly. Rien de tout ça ne serait arrivé si j'avais joué

à Pokédémon Cruel Combat
pendant deux jours.

Alors, pendant que chacun
mâche ses lasagnes
et sa mauvaise humeur,
je propose :

– Si on allait au parc
la semaine prochaine ?

Le parc est un endroit trop cool,
il y a plein d'activités comme
un trampoline géant,
un mur d'escalade et même
des luges d'été.

– C'est vrai qu'on n'y est pas allés
depuis longtemps, dit maman
avec un petit sourire.

– Pourquoi pas ? dit papa
en allant chercher le brownie
au chocolat dans le frigo.

Mathilde fait comme si
elle s'en fichait mais elle demande
si on peut emmener Florence.
Papa dit d'accord et tout le monde
est content.

Au moment de me coucher,
je récupère la feuille qui était
dans ma tirelire et je relis
la dernière phrase.

Je t'offre ce qui n'a pas de prix

Une idée géniale s'allume
dans mon esprit, plus lumineuse

qu'une guirlande sur le sapin
de Noël.

À pas de loup, je me glisse
dans la chambre de ma sœur
(elle est dans la salle de bains).
Je lui pique son téléphone
et dépose le papier plié à la place.

Puis comme si de rien n'était,
je regagne mon lit et je guette
sa réaction. Elle ne se fait pas
attendre.

Tout à coup, un cri déchire
le silence : Noonnnnn !

Ma sœur a l'air vraiment furax.

Des fiches pédagogiques à votre disposition

À télécharger gratuitement, ces outils donneront aux professionnels des pistes pour travailler différents titres de la collection, en primaire comme au collège.

PETITEPOCHE.FR un site internet participatif

Chacun est invité à partager son expérience professionnelle en nous faisant parvenir des documents qui seront accessibles en ligne.

À très bientôt
sur le site **PETITEPOCHE.FR** !

CET OUVRAGE A ÉTÉ ACHEVÉ D'IMPRIMER
ENTRE DEUX PARTIES
DE POKÉDÉMON CRUEL COMBAT
POUR LE COMPTE
DES ÉDITIONS THIERRY MAGNIER
PAR PBTISK (RÉPUBLIQUE TCHÈQUE)
EN DÉCEMBRE 2019
DÉPÔT LÉGAL : JANVIER 2020